빛나는 유네스코 우리 유산은 전 세계가 함께 보호하고 전수해야 할 유산으로 유네스코가 지정한 우리나라의 세계 문화유산·세계 자연유산과 함께 세계 기록유산, 세계 무형문화유산을 소개하는 그림책입니다.

글 | 신순재

대학에서 철학을, 대학원에서 문예창작을 공부하고 어린이책에 글을 쓰고 있습니다.
이 책을 쓰면서 판소리의 매력을 알게 되었습니다. 처음 판소리를 볼 때는 '얼씨구!', '좋다!' 하는 추임새도 잘 넣지 못했지만, 지금은 큰 소리로 잘한답니다. 그동안 쓴 책으로 〈세 발 두꺼비와 황금 동전〉〈지렁이 울음소리를 들어 봐!〉〈나를 찍고 싶었어〉〈아주 바쁜 입〉 등이 있습니다.

그림 | 이경석

만화와 어린이책의 그림을 그리고 있습니다. 이 책을 그리면서 판소리 공연을 보았는데, 정말 재미있어서 시간 가는 줄 몰랐답니다. 사람들이 신나는 우리 판소리를 더 잘 알게 되길 바랍니다. 어린이 교양지 〈고래가 그랬어〉에 만화 '을식이는 재수 없어.'를 연재했고, 그린 책으로는 〈너구리 판사 퐁퐁이〉〈서울 샌님 정약전과 바다 탐험대〉〈오메 돈 벌자고〉〈으랏차차 들돌 들어라〉 등이 있습니다.

웅진주니어

빛나는 유네스코 우리 유산 15
얼씨구 좋다! 판소리

초판 1쇄 발행 2013년 12월 30일 | **초판 21쇄 발행** 2024년 4월 17일 | **글** 신순재 | **그림** 이경석
발행인 이봉주 | **도서개발실장** 안경숙 | **편집인** 이화정 | **기획** 이원주 | **편집** 김혜진 | **디자인** 신용주
마케팅 정지운, 박현아, 원숙영, 김지운, 황지영 | **제작** 신홍섭

펴낸곳 (주)웅진씽크빅 | **주소** 경기도 파주시 회동길 20 (우)10881
문의전화 031)956-7440(편집), 031)956-7569, 7570(마케팅)
홈페이지 www.wjjunior.co.kr | **블로그** blog.naver./wj_junior | **페이스북** facebook.com/wjbook | **트위터** @new_wjjr | **인스타그램** @woongjin_junior
출판신고 1980년 3월 29일 제406-2007-00046호 | **제조국** 대한민국 | **사용 연령** 4세 이상

글 ⓒ 신순재 2013 | **그림** ⓒ 이경석 2013 | **ISBN** 978-89-01-16199-0 · 978-89-01-08986-7(세트)
사진 제공 평양도 – 서울대학교 박물관, 그 외 – 헬로포토

웅진주니어는 (주)웅진씽크빅의 유아·아동·청소년 도서 브랜드입니다.
이 책은 저작권법에 따라 보호를 받는 저작물이므로 무단전재와 무단복제를 금지하며,
이 책 내용의 전부 또는 일부를 이용하려면 반드시 저작권자와 (주)웅진씽크빅의 서면동의를 받아야 합니다.

잘못 만들어진 책은 바꾸어 드립니다.
※ 주의 1. 책 모서리가 다칠 수 있으니 사람을 향해 던지거나 떨어뜨리지 마십시오. 2. 보관 시 직사광선이나 습기가 찬 곳은 피해주십시오.
웅진주니어는 환경을 위해 콩기름 잉크를 사용합니다.

얼씨구 좋다!
판소리

신순재 글 | 이경석 그림

웅진주니어

"저 누나가 소리꾼이야?"
웅성거리는 소리.
"한복도 안 입었네?"
피이, 김샌 소리.
"힙합 소리꾼이네!"
낄낄거리는 소리.
그런데,

"이리 오너라, 업고 놀자. 사랑 사랑 사랑 내 사랑이야."

나온다, 나와! 소리가 나온다.

"사랑이로구나 내 사랑이야."

"이이이이~ 내 사랑이로다."

"정말 소리꾼이네."
아이들 입이 헤벌쭉이 벌어진다.
"어화, 세상 벗님들아! 우리가 이렇게 만나니
사랑가 한 자락이 절로 터져 나오는구나!
우리 같이 한번 놀아 볼까나?"
이래서 소리꾼과 아이들이
소리를 하는데,

소리꾼이 앞서 부르고,

다 같이 뒤따라 부른다.

목청이 시원, 속이 뻥, 엉덩이가 들썩!

신이 난 아이들이 내친 김에 판소리 공연을 해 보자 법석이다.
잠자코 지켜보던 소리꾼이 하는 말,
"잠깐! 판소리 공연을 하려면 뭐가 필요할까?"

"뭐긴 뭐예요? 배우들이지!"
아이들이 두두두두 나서서
흥부에 놀부에 마누라에
하나씩 꿰차고 섰는데,

"소리꾼 하나면 충분해!"

"그 많은 역을 한 사람이 다 한다고?"
"혼자서 어떻게 다 해?"
아이들은 고개를 갸웃갸웃.
그런데,

저 봐라, 소리꾼이 소리한다.
한번은 인당수에 죽으러 가는 심청이가 되어 울더니,
어느새 심봉사가 되어 심청이를 붙잡고 운다!
"심청이도 되었다가 심봉사도 되었다가,"
아이들 고개가 절로 끄덕끄덕.
"정말 소리꾼 하나면 충분하구나!"

닭아, 닭아, 닭아, 우지를 마라.(…)
네가 울면 날이 새고 날이 새면 나 죽는다.
나 죽기는 섧지가 않으나,
앞 어두신 우리 부친 뉘게 의지를 헌단 말이냐.

"북 하나면 충분해!"

"북 하나면 된다고?"
"에이, 심심할 텐데?"
아이들이 고개를 절레절레.
그런데,

구궁 구궁 구궁, 고수가 북을 친다.
소리꾼이 지치면 힘내라고 두둥!
흥이 나면 같이 놀자 두두두둥!
소리꾼이 슬피 울면 나도 섧다 둥! 둥!
소리꾼과 앞서거니 뒤서거니
얼씨구 둥딱!

"자, 북 하나 소리 하나 같이 있으니 제대로 놀아 보자꾸나!"

여봐라 토끼야.
와야.
너 어디 가느냐.
나 수궁 간다.
너 수궁은 무엇하러 가느냐.
나 별주부 따라서 벼슬하러 간다

궁딱!
갑자기 고수가 북을 멈췄어.
소리꾼이 소리를 딱 멈췄어.
"무슨 일이지? 무슨 일이야?"
화들짝 놀란 아이들이 웅성웅성.
그때 소리꾼이 썩 나서서 하는 말이,
"하나 더 꼭 필요한 게 있어!"
"뭔데? 그게 뭔데?"

심봉사 눈 뜰 때 같이 기뻐해 줄 소리가 필요해.
춘향이 마음이 되어 같이 울어 줄 소리가 필요해.
흥부가 쫓겨날 때 같이 슬퍼해 줄 소리가 필요해.
오랜 세월 소리꾼의 입에서 입으로 전해져 온 소리에,
가난하고 힘없는 사람들이 살고 죽고 울고 웃던 소리에,
"너희들의 추임새가 필요해!"

이리하여 모두 한바탕
신 나게 놀아나는데,

흥부가 좋아라고, 흥부가 좋아라고,
궤 두 짝을 톡톡 떨어 붓고 나니 도로 수북,
톡톡 떨어 붓고, 돌아섰다 돌아보면
쌀과 돈과 도로 하나 가득하고,
눈 한번 깜짝이고 돌아섰다 돌아보면
쌀과 돈과 도로 하나 가득.

비어내고, 비어내고, 비어내고,
비어내고, 비어내고, 비어내고,
비어내고, 비어내고, 비어내고,
아이고, 좋아 죽겠다. 팔 빠져도 그저
부어라, 부어라, 부어라, 부어라, 부어라, 부어라,
일년 삼백육십날만 그저 꾸역꾸역 나오너라.

세상에 좋은 것 많고 많아도
지금 이 순간만큼은,

소리 하나면 충분하구나!

 **한 걸음 더**

판소리는 유네스코 세계 무형문화유산이에요

판소리는 한 사람의 소리꾼이 긴 이야기를 소리로 들려주는 공연이에요. 소리꾼과 함께 무대에 오르는 사람도 북장단을 쳐 줄 고수 한 사람뿐이지요. 판소리의 무대도 단출하기 그지없어요. 화려한 조명, 무대장치 하나 없이 돗자리 하나만 펼 수 있으면 어디든지 무대가 되지요. 수십 명의 악단이 연주를 하고, 화려한 무대 위에서 수많은 배우들이 춤추고 노래하는 오페라나 뮤지컬과는 다르지요. 판소리는 소리꾼 혼자서 이야기 속의 여러 역할들을 하면서 서너 시간, 길게는 일곱 시간이 넘도록 쉬지 않고 소리를 해요.

판소리는 악보도 따로 없어요. 입에서 입으로 전해지며 긴 세월을 거쳐 지금까지 이어져 오고 있지요. 그렇게 수많은 사람들을 거치면서 우리 민족의 생활과 감정을 담아내게 된 거예요.

이러한 판소리의 특별함을 세계도 인정했어요. 2003년 유네스코 세계 무형문화유산으로 지정되었지요. 창덕궁, 수원 화성 등 유형문화재와 달리 판소리처럼 눈에 보이지 않는 문화유산은 무형문화재라고 합니다.

옛그림에 담긴 판소리 공연 모습. 그림은 '평양도십첩병풍' 중 일부분으로 소리꾼과 고수, 청중이 함께 보여요.

고창에 있는 판소리박물관의 내부. 판소리 명창들과 판소리 관련 자료, 가사집과 국악 관련 음반과 책 등을 볼 수 있어요.

일청중, 이고수, 삼명창

판소리 무대에 서는 사람은 소리꾼과 고수예요. 소리꾼은 '아니리'와, '소리(창)', 그리고 '발림'을 섞어 가며 공연을 해요. '아니리'는 소리 중간중간 가락을 붙이지 않고 말하는 부분이에요. 예를 들어, 흥부가 박을 타는 장면에서 "흥부가 좋아라고, 흥부가 좋아라고" 하며 소리를 본격적으로 하기 전에, "흥부 마누라 쌀을 들고 흥부는 돈을 들고 한번 떨어 부어 보는디, 휘몰이로 바짝 몰아 놓고 떨어 붓것다."라는 아니리로 흥을 돋구지요. 소리꾼은 슬플 땐 우는 시늉을 하고, 흥겨울 땐 춤추고, 뱃노래가 나오면 노젓는 시늉을 해요. 이런 소리꾼의 연기를 '발림', 또는 '너름새'라고 하지요.

소리꾼은 항상 고수와 함께 무대에 섭니다. 고수의 북장단이 있어야만 하지요. 그렇다고 고수가 북만 치는 것은 아니에요. 소리꾼의 소리에 맞춰 '얼씨구, 잘한다, 그렇지' 따위의 말을 하는데, 이것을 '추임새'라고 해요. 고수가 추임새를 잘해 주면 소리꾼은 지쳤다가도 금방 힘을 얻고 소리를 계속할 수 있어요.

판소리 공연에는 또 하나 빠질 수 없는 것이 있어요. 바로 청중이에요. 판소리의 청중은 소리를 듣고 구경만 하는 것이 아니라 고수처럼 추임새를 하며 공연에 적극적으로 참여해요. 조선시대에는 판소리를 제대로 즐기는 사람을 '귀명창'이라고 부르기도 했지요. 긴 시간 동안 소리꾼 혼자 공연을 풀어 가는 것은 여간 힘든 일이 아니에요. 그러니 고수와 청중의 추임새와 참여가 중요하겠지요. 오죽하면 '일청중, 이고수, 삼명창'이라는 말이 있겠어요? 판소리에서는 첫째가 청중, 둘째가 고수, 그 다음이라야 소리꾼이라는 뜻이지요. 이렇게 판소리는 소리를 하는 사람이나 듣는 사람 모두가 함께 만들어 가는 공연이에요.

무대에서 판소리 공연을 하고 있는 소리꾼과 고수.

한 걸음 더

소리꾼은 조선의 슈퍼스타!

판소리가 언제부터 불리기 시작했는지는 정확히 알 수 없지만 판소리가 지금의 모습으로 완성된 것은 조선시대 숙종, 영조 무렵일 것이라고 알려져 있어요. 판소리는 가난하고 힘없는 서민들의 생활과 정서를 잘 담아내고 있어요. 소리를 하는 사람이나, 판소리를 즐기던 사람이나 주로 가난하고 힘없는 서민들이었기 때문일 거예요. 소리꾼은 사람들이 많이 모이는 장터 같은 곳에서 공연을 했어요. 땅바닥에 허름한 돗자리를 깔고 하는 공연이지만 수많은 서민들이 모여들어 울고 웃었어요. 미천한 신분이었지만 소리꾼은 그 순간만큼은 조선시대 최고의 스타였어요. 서민 중심으로 발전하던 판소리는 점차 양반들도 즐기게 되었고 대궐에서 판소리 공연을 하기도 했어요. 판소리는 일제강점기를 거치면서, 또 서양 음악이 들어온 이후 위축되기도 했지만, 오늘날까지도 소중한 문화유산으로 남아 있습니다.

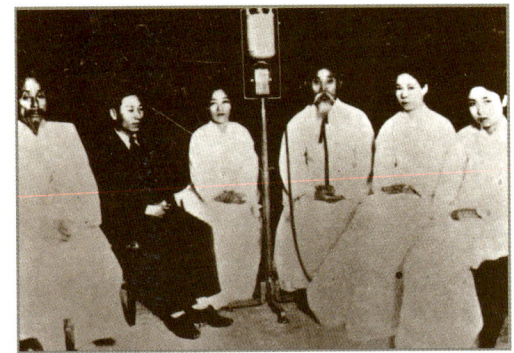
판소리 음반을 취입하기 위해 모인 소리꾼들의 모습.

판소리 다섯 마당

현재 전승되는 판소리는 춘향가, 심청가, 흥부가, 수궁가, 적벽가로 모두 다섯 마당이에요. 원래는 열두 마당이었는데, 오랜 세월을 거치면서 다섯 마당만 전승되고 있어요. 판소리 다섯 마당 가운데에는 설화에 바탕을 둔 이야기도 있고, 나중에 고전소설로 정리된 것도 있어요.

창극 〈흥부가〉 공연 모습. 창극은 판소리를 서양의 오페라 식으로 바꿔 무대에서 공연하는 음악극이에요. 조선 말에 극장이 생기면서 시작되었어요.

〈춘향가〉는 남원 퇴기 월매의 딸인 성춘향과 남원 부사의 아들인 이몽룡의 이야기를 판소리로 짠 것이에요. 춘향과 몽룡은 백년가약을 맺었지만 이별하고, 춘향은 사또의 수청을 거절하여 옥에 갇히는 신세가 되지요. 하지만

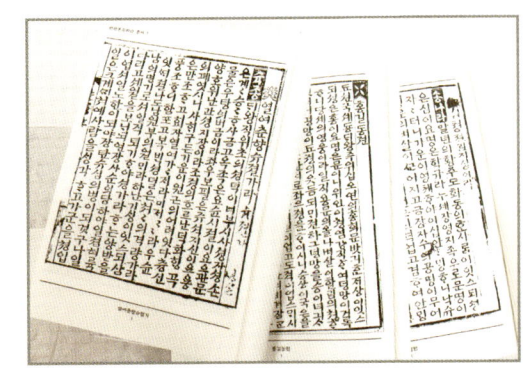
입에서 입으로 전해지던 판소리는 고전소설로 기록되기도 했지요. 사진은 전주에서 출판된 완판본 판소리 소설로 왼쪽은 춘향가, 오른쪽은 심청가예요.

암행어사가 된 몽룡이 춘향을 구한다는 이야기예요. 옥에 갇힌 춘향이가 부르는 옥중가는 구슬프고, 암행어사가 출두하는 대목은 힘차요.

〈심청가〉는 눈먼 아버지의 눈을 뜨게 하려고 공양미 삼백 석을 받고 뱃사람들에게 팔려 바닷물에 빠진 심청의 이야기를 판소리로 짠 것이에요. 바다에 빠진 심청은 옥황상제의 도움으로 세상에 나와 황후가 되고 아버지의 눈도 뜨게 하지요. 심청이 뱃사람에게 팔려 가기 전 홀로 남을 눈먼 아버지를 걱정하며 부르는 대목 등 슬픈 소리가 유난히 많아요.

〈흥부가〉는 가난하지만 착한 아우 흥부와 심술궂은 형 놀부의 이야기를 판소리로 짠 것으로 '박타령'이라고도 불러요. 심술궂은 놀부의 심술을 줄줄이 읊는 대목, 흥부가 제비 다리를 고쳐 주고 얻은 박을 타는 대목 등 흥겨운 대목이 많아요.

〈수궁가〉는 병든 용왕의 명을 받고 토끼를 꾀러 온 자라와 꾀 많은 토끼의 이야기를 판소리로 짠 것이에요. 토끼는 자라에게 속은 것을 알고 꾀를 내어 용왕과 자라를 속이고 살아 돌아오지요. '토끼타령', '별주부타령', '토별가' 따위로 불리기도 해요. 죽었다 살아 나온 토끼가 기뻐하는 대목은 빠른 장단으로 흥겨워요.

〈적벽가〉는 삼국지에 나오는 적벽대전을 줄거리로 했지만 원래 이야기에는 없는 장면을 끼워 넣기도 했어요. 적에게 쫓기는 조조의 모습을 풀어낸 대목은 익살스럽고, 전쟁에 동원된 힘없는 병졸들이 고향을 그리워하고 신세를 서러워하는 대목은 구슬프기 그지없어요.